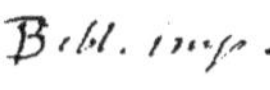

CATALOGUE
D'ESTAMPES

ET

DESSINS ANCIENS

Provenant de l'Étranger

Rédigé par M. DELANDE

DONT LA VENTE AUX ENCHÈRES PUBLIQUES AURA LIEU

HOTEL DES COMMISSAIRES-PRISEURS
RUE DROUOT, 5

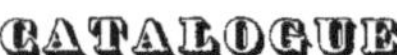

Salle n° 5 bis, au 1er étage, au fond de la galerie,

LES VENDREDI 7 ET SAMEDI 8 DÉCEMBRE 1855

7 heures précises du soir,

Par le ministère de Mᵉ **DELBERGUE-CORMONT**, Commissaire-
Priseur, rue de Provence, 8,

PARIS

MAULDE ET RENOU

IMPRIMEURS DE LA COMPAGNIE DES COMMISSAIRES-PRISEURS
rue de Rivoli, 144.

1855

ORDRE DE LA VENTE.

1re VACATION. — *Vendredi 7 décembre 1855.*

Estampes. . . .   1 à 21.
Dessins. . . . .   1 à 15.
Estampes. . . . 22 à 36.
Dessins. . . . . 16 à 40.
Estampes. . . . 78 à 93.

2e VACATION. — *Samedi 8 décembre.*

Estampes. . . . 37 à 60.
Dessins. . . . . 41 à 55.
Estampes. . . . 61 à 77.
Dessins. . . . . 56 à 67.
Estampes. . . . 94 à 112.

Exposition de une heure à trois, chaque jour de vente.

CONDITIONS DE LA VENTE.

Elle se fera expressément au comptant.

Les adjudicataires paieront cinq centimes par franc en sus des enchères, applicables aux frais.

DES DESSINS

ALLORI et autres.

1 — Figures et sujets divers, au crayon et à l'encre de Chine. 5 p.

ANONYMES.

2 — Paysages et figures en couleurs. 10 p.

3 — Vases, figures, etc. 8 p.

4 — Sujets de l'Histoire-Sainte, à la plume et lavé à l'encre de Chine. 8 p.

5 — Nativité et autres sujets, à la plume et aux crayons. 6 p.

6 — Bateaux chinois, armures anciennes, à l'encre de Chine. 4 p.

7 — Céphale et Procris, à la plume, lavé au bistre, rehaussé de blanc ; plus une marine. 2 p.

8 — Groupe de fleurs dans une corbeille en couleurs. Un paysage avec figures. 2 p.

9 — Paysages et figures en couleurs ; plus une jeune femme jouant de la guitare. 6 p.

ASSELYN et autres.

10 — Paysages et figures. 10 p.

BELLA (DELLA).

11 — Compositions diverses et études. 9 p.

BOUCHER.

12 — Jupiter et Léda, au crayon noir rehaussé de blanc.

13 — Jeune fille portant une corbeille de fleurs, au crayon noir rehaussé de blanc.

14 — Vénus et Cupidon, au crayon noir rehaussé de blanc.

15 — Vénus et Cupidon, aux trois crayons.

BOURDON (SÉBASTIEN).

16 — Divers sujets, à la sanguine, etc., etc. 10 p.

BOURGUIGNON et autres.

17 — Bataille et paysages. 4 p.

BRESCIANO et autres.

18 — Frise et études de figures. 4 p.

CARMONTEL et autres

19 — Portrait de Georges Sand, etc., etc. 6 p.

CHARDIN.

20 — Portrait d'une jeune fille, à la sanguine.

21 — La lecture, pastel.

CHALON et autres.

22 — Figures et paysages en couleur. 5 p.

CIGNANI, LIGOZZI et autres.

23 — Sujets historiques, au crayon et à la plume. 5 p.

CLÉRISSEAU.

24 — Ruines du Temple de la Paix; bains de Caracalla en couleurs. 10 p.

DUBUFFE.

— Portrait d'une jeune fille, aux trois crayons.

DURER (Albert) et autres.

26 — Etudes à la plume et au crayon. 8 p.

DYCK (Antoine van).

27 — Portrait d'une dame, au crayon noir, rehaussé de blanc.

FRAGONARD.

28 — Ruines d'un ancien temple romain, à la sanguine.

29 — Paysages et figures, à la sanguine. 2 p.

GELÉE (Claude).

30 — Ruines romaines, à la plume et au bistre. 3 p.

GILLOT.

31 — Allégories, à la plume. 4 p.

GOYEN (van) et autres.

32 — Paysages et figures. 9 p.

GRANET.

33 — Intérieur d'une cabane, au bistre.

GREUZE.

34 — Une baigneuse.

GUERCHIN.

35 — Paysages et figures, à la plume, lavé au bistre. 2 p.

HUYSUM (van).

36 — Fleurs en couleurs. 2 grandes pièces.

JORDAENS.

37 — Sujet du Nouveau-Testament, au crayon, lavé au bistre.

KESSEL (van) et autres.

38 — Figures et têtes, etc., etc. 5 p.

KOBELL et autres.

39 — Animaux et figures. 8 p.

MARILLIER.

39 bis. — Sujet de la Fable, pour éventail.

MEULEN (VAN DER) et autres.

40 — Divers sujets, paysages, etc., etc. 5 p.

MIGNATURE DU XV° SIÈCLE.

41 — Dieu le Père assis sur un trône entouré d'anges et des emblêmes des quatre évangélistes.

MOLYN et autres.

42 — Paysages et figures. 8 p.

MULLER.

43 — Étude de tête, tableaux à l'huile.

PANINI et autres.

44 — Paysages, ruines et figures. 5 p.

POLYDORE et autres.

45 — Sujets historiques et autres. 7 p.

POUSSIN.

46 — Sujet historique, lavé au bistre.

POUSSIN et autres.

47 — Études de tête et figures, au crayon et à la plume. 6 p.

RIBERA.

48 — Bacchanales, à la plume. 2 p.

ROBERT.

49 — Ruines près de Rome, avec figures, aux trois crayons.

ROMANELLI et autres.

50 — L'Aurore, Judith et Holopherne, etc., etc. 6 p.

ROMANO (G.) et autres.

51 — Sujets historiques. 7 p.

RUBENS.

52 — Bataille. Vue prise en Hollande, etc., à l'encre de Chine et aux crayons. 3 p.

SALVATOR et autres.

53 — Paysages et figures. 11 p.

UDEN (van) et autres.

54 — Paysages et figures, à la plume. 8 p.

VADDER et autres.

55 — Paysages et figures, à l'encre de Chine et couleurs. 4 p.

VELDE (van de).

56 — Marines, au crayon noir, lavé d'encre de Chine. 4 p.

VOS (Martin de).

57 — Sujets d'histoire sainte, à la plume, lavé de bistre. Deux lots. 11 p.

WATTEAU.

58 — Etude de deux jeunes garçons, aux trois crayons.

59 — Jeune homme assis et têtes, à la sanguine. 2 p.

60 — Un homme debout, à la sanguine.

61 — Études de figures, à la sanguine.

62 — Études, à la sanguine. 4 p.

WEENINX.

63 — Grand paysage avec figures et animaux.

WILLE (J.-G.).

64 — Ruines, au crayon noir. 2 p.

WITHOOS.

65 — Études de fleurs en couleurs. 4 p.

WOUVERMANS.

66 — Halte de cavaliers, à l'encre de Chine.

WYNANTS et autres.

67 — Paysages et figures, à l'encre de Chine. 3 p.

68 — Sous ce numéro, les articles omis au présent
catalogue.

DÉSIGNATION

DES ESTAMPES.

ANONYME.

1 — Thomas Arthur, comte de Lally, condamné à
  mort et exécuté en 1766. Rare, la planche
  ayant été supprimée.

AUDRAN (B.), COCHIN et autres.

2 — Retour de chasse; le Bosquet de Bacchus, etc.,
  d'après Watteau. 7 p.

LE MÊME, LE BAS et autres.

3 — Les Quatre Saisons, d'après Lancret. Belles ép.
  avec grandes marges. 4 p.

LE MÊME, TARDIEU et autres.

4 — Les Quatre Éléments, d'après Lancret. Belles ép.
  avec grandes marges. 4 p.

AVELINE, PÉRELLE et autres.

5 — Vues de villes et de châteaux. 42 p.

BAUDET (E.).

6 — Les Quatre Eléments, d'après l'Albane; Vue de
  la ville et du port de Calais, d'après Van der
  Meulen. 5 p.

BÉLLE (E. de la) et KUSLIN.

7 — Vues de Livourne; Vase Médicis, etc. 8 p.

BERGHEM (Nicolas).

8 — Le Pâtre jouant du flageolet (6); Le même sujet lithographié. 2 p.

BOISSIEU (J. J.)

9 — Saint-Jérome, papier de Chine et plusieurs vues. 4 p.

BOUCHER (F.)

10 — Les quatre saisons et paysages, d'après Watteau. 8 p.

11 — Les Petits Oiseleurs, eau forte.

BOYDELL (J.)

12 — Cyrus trouvé, d'après Benedette. Avant la lettre. Les noms d'auteur à la pointe.

BRYER (H.), et W HOLL.

13 — La Duchesse de Glocester; Vénus vengeant la mort d'Adonis, d'après Westall. 2 p.

CARDON (Antoine).

14 — Le Gué, d'après Berghem. Avant toute lettre. La Signature du contrat de la noce du village, d'après Watteau. 2 p.

CARS (Laurent), FLIPART et autres.

15 — Hercule et Omphale, d'après Lemoine. Avant toute lettre; La bonne Mère, etc., etc., d'après Greuze. 4 p.

CATHELIN, COCHIN, SAINT-AUBIN et autres.

16 — Baumarchais, Cochin, Sophie Lecouteux, Mariette, etc., etc., d'après Cochin. Grandes marges. 14 p.

COPIA.

17 — Vignettes pour l'Héloïse, d'après Prud'hon. Anciennes ép. 5 p.

DELAFOSSE et TILLARD.

18 — La famille Calas, d'après Carmentel, et Kalmoucks au bivouac ; d'après Le Prince. 2 p.

DELSENBACH (J A.), et HEUMANN.

19 — Huit vues de Nuremberg . plus onze vues de Gottingue. 19 p.

DICKINSON (W.)

20 — Assassinat de David Rizzio, d'après Graham. Avant la lettre.

DIVERS.

21 — Portraits de personnages français. 30 p.

DREUX (Alfred de). et autres.

22 — L'Enlèvement; Divers autres sujets tirés de l'artiste. 13 p.

DREVET.

23 — Antoine Portail, d'après Tournière. Très beau.

DREVET (P.)

24 — Charles II et Cromwel, d'après Van der Werf. Études, d'après Leblond. 3 p.

25 — De Cisternay Du Fay; Belle épreuve avec marges.

DUCHANGE et autres.

26 — Les muses, d'après Le Sueur. Angélique et Médor, d'après Blanchard, etc., etc. 7 p.

DU JARDIN (Karel), et autres.

27 — Animaux et Paysages. 12 p.

DURER (Albert).

27 bis. — Saint-Jérôme (61). très belle.

28 — Enlèvement d'Amymone (71). Très belle.

DURER (Albert).

28 bis. — Le pourceau monstrueux (95). Belle épr.

29 — Les quatre anges de l'Apocalypse (69) L'annonciation, de la vie de la Vierge (83). Premier État. Et plusieurs autres petites pièces bois. 5 p.

30 — La Vierge au Singe (42).

EARLOM (Richard).

31 — Pièces tirées de *Liber veritatis*, d'après Claude Gelée. Premières épr. 14 p.

> Cet article pourra être divisé.

32 — Fruits, d'après Yan Huysum.

EDELINCK (Gérard).

33 — Les quatre cavaliers, d'après Titien. Troisième État.

EISEN, CHEDEL.

34 — Vignetttes pour les contes de La Fontaine, etc. Avant l. l. dont plusieurs doubles. 20 p.

FACIUS (J.-G.) et autres.

35 — La Justice, etc., etc., d'après Josué Reynolds. 5 p.

FAC-SIMILE DE DESSINS.

36 — Différents sujets, d'apr. Raphael et autres. 39 p Cet article sera divisé.

FELON (Joseph) et autres.

37 — Sujets gracieux et scènes de février 1848. 15 p.

FIESINGER, KLAUBER, MIGER et autres.

38 — Divers portraits gravés et lithographiés, dont le
portrait de Caillot, avec une note manuscrite
adressée à Lachardy, du théâtre des Variétés.
17 p.

FIQUET.

39 — Le docteur Swift. Portrait rare.

FLIPART (J.-J.).

40 — Le Naufrage et une autre Marine, d'après J. Ver-
net. 2 p.

FRAGONARD fils.

41 — Napoléon Bonaparte, premier consul. Dessin au
crayon noir et blanc.

FREEBAIRN.

42 — Plat du XVIᵉ siècle, d'après Jean Goujon.

FREY et **HOUBRAKEN.**

43 — Shakespeare, Carle Marati, etc., etc. 4 p.

GAILLARD (R.) et autres.

44 — Jupiter et Calisto. Avant la l. Le panier mysté-
rieux; le Moineau apprivoisé, etc., etc., d'a-
près Boucher. 11 p.
Cet article pourra être divisé.

GAULTIER (Léonard).

45 — Metezeau. Très belle épreuve, mais doublée.

GHISI (Georges) et autres.

46 — Sujets d'après Michel-Ange, Raphaël et Tiepolo.
3 p.

GHISI (Georges).

47 — La mort de Procris, d'après Jules Romain. La
conclusion de la paix, etc. 3 p.

GIRARDET, LEPETIT et autres.

48 — Paysages et Vues de monuments tirés de *l'Artiste*. 14 p.

GOLTZIUS (Henri).

49 — Sainte Famille (24); plus, Emblème satirique sur la paix de Soissons. Pièce curieuse à l'eau forte. 2 p.

GRATELOUP.

50 — Adrienne Lecouvreur, d'après Coypel. Doublée.

HALBOU et CHEVILLET.

51 — Le grand papa, d'après Wille fils; pièce non terminée et très curieuse. Avant toute lettre. Nous la croyons unique n'ayant pu nous renseigner, malgré nos recherches. L'amour maternelle, d'après Peters, etc., etc. 4 p.

HEUMANN (G.-D.) et autres.

52 — Portraits allemands. 30 p.

HISTOIRE.

53 — Massacre de la Saint-Barthélemy, 1572; Caricature sur le système de Law, avec une inscription allemande, et au milieu son portrait. Plus, un Tournois politique. 3 p.

JANINET.

54 — Divers sujets, d'après Ostade. 5 p.

JODE (Pierre de).

55 — Les trois Grâces, d'après Rubens. Belle épr.

JOHANNOT, GAVARNI, GIGOUX et autres.

56 — Divers sujets et portraits, tirés de *l'Artiste*. 12 p.

JOULLAIN (F.)

57 — Chasses au loup et au sanglier, d'ap. Desportes.
2 p.

KILIAN, CONEY et autres.

58 — Divers monuments, plus une photographie de la
grande porte de la cathédrale de Nuremberg.
7 p.

KOLBE (C. W.).

59 — Grand paysage à l'eau forte et une étude d'arbres, par Waterloo. 2 p.

LARMESSIN et autres.

60 — La jeunesse, les Oies de frère Philippe, d'après
Lancret; les Amants heureux, d'après Pater.
3 p.

LE BAS (Philippe) et autres.

61 — L'embarquement des vivres, d'après Berghem;
l'Enfant prodigue; la Récréation flamande;
Jeu de tric-trac, etc., etc., d'après Téniers, et
une vue de Charenton, d'apr. Boucher. 17 p.
Cet article sera divisé.

LEEUW (W. de) et autres.

62 — Chasse à l'hippopotame, d'apr. Rubens; Chasse
au sanglier, par Bartsch, d'après Snyers, etc.
4 p.

LEGRAND (Paul) et autres.

63 — L'Espiègle, d'après Destouches, et divers sujets
tirés de *l'Artiste*. 11 p.

LEU (Thomas de) et J. C. H.

64 — Le maréchal de Biron et le duc d'Anjou. 2 p.

LONGHI, MASSARD, TARDIEU.

65 — Divers portraits de Napoléon Ier. 6 p.

LUCAS DE LEYDE.

65 bis — Abraham et les trois Anges (15). Parfaite.

MAITRE AU CADUCÉE (Jacques de Barbary, dit le).

66 — Judith (1). Belle et bien conservée.

67 — Sacrifice de Priape (19). Parfaite.

68 — Cléopâtre (ou Ariane abandonnée). Belle et bien
conservée; non décrite par Bartsch; mais men-
tionnée par Ottley.

MASSARD (J.-B.).

69 — Silence de la Vierge, d'après Raphaël. Belle et
grande marge.

MATHAN (Th.).

70 — Jean Banning. Épr. avant les vers et le nom de
l'artiste, grande marge, et une autre avec les
vers. 2 p.

MELLAN.

71 — Richelieu assis. Avant l'écriture sur le livre, un
autre avec l'écriture. Le même personnage à
genoux. Avant l'adresse et l'écriture sur le
livre. 3 p.

MOYREAU (J.) et autres.

72 — Paysages. d'après Wouvermans; le Guaspre,
Nicolas Poussin et Francisque Millet. 4 p.

MULLER (Jean).

73 — Albert, archiduc d'Autriche, et Isabelle, infante
d'Espagne, d'après Rubens. 2 p.

MULLER (G.)

74 — La mère Brigide et la petite Javotte, d'ap. Wille
fils. 2 p.

NANTEUIL (Robert).

75 — La sainte Vierge et divers portraits. 6 p.

ORDE (Thomas, lord Bolton).

76 — Le héros de Ferney au théâtre de Chateleine, portrait de Voltaire, dessiné et gravé par l'auteur dans un voyage qu'il fit sur le continent. Rare et curieuse. Hommages rendus à Voltaire, d'après Moreau jeune, par Gaucher. 2 p.

PELLETIER et autres.

77 — Le Gazetié flamant, d'après Téniers; le Savetier, d'après Brauwer, etc., etc. 9 p.

PERELLE (Gabriel).

78 — Vues de Rome et de Fontainebleau, d'après Silvestre. 20 p.

PICART (les).

79 — Toilette de Vénus, d'après Annibal Carrache; le Mariage de sainte Catherine, d'après Le Corrége; Intérieur du cabinet de l'Amour (hôtel Lambert), etc., etc. 6 p.

PRADIER.

80 — Le roi Murat, d'après Gérard. Avant la lettre.

QUEVERDO.

81 — Calendrier de la République française, en deux parties. Rare et curieux. 2 p.

RAIMONDI (Marc-Antoine).

82 — Le Parnasse (247). Bonne conservation, belle épreuve.

83 — Le jeune homme au brandon (360). Rare.

84 — Les Grimpeurs (487). Rare.

85 — Jugement de Pâris (245). Belle épr.

86 — La Vierge à l'escalier; Mars, Vénus et la Danse des Amours. 3 p.

RAIMONDI et AUGUSTIN VENITIEN.

87 — Les n°* 294, 318, etc., etc. 4 p.

RAIMONDI et son École.

88 — La sainte Vierge adorée par saint Paul (637),
copie d'Albert Duret; la Femme au hibou,
d'Énée Vico (45). 1er état, etc., etc. 4 p.

REINHART (Jean-Chrétien).

89 — Une vache et son veau; Une truie et ses petits.
2 p.

REMBRANDT.

90 — Portrait de Rembrandt et de sa femme (19).
Belle tête de vieillard à barbe carrée (265).
2 p.

RIDINGER et autres.

91 — Études de chiens, etc. A l'eau forte et lithographiés. 12 p.

ROUSSELET (Gilles) et autres.

92 — Jésus descendu de la croix et sujets divers, d'a-
près Le Titien. 4 p.

SANDRART (J.) et autres.

93 — Portraits allemands. 14 p.

SAVART.

94 — Catinat. Avant toute lettre, gr. marge, doublé.

SAVART (Mademoiselle).

95 — Louis XVI. Jolie épreuve, grande marge.

SCHMIDT.

96 — Pierre Mignard, d'après Rigaud.

SCHONGAUER (Martin).

97 — La Nativité (5). Deux légères restaurations.

98 — La mort de la Vierge (33). Belle, mais un peu froissée.

STOOP (Thierry).

99 — Différents chevaux dont plusieurs doubles. 11 p.

STRANGE (Robert).

100 — Vénus, Danaé, d'après Le Titien; la Toilette de Vénus, d'après Le Guide. 3 p.

SURUGUE (Louis) et autres.

101 — Sujets tirés du roman comique, d'après Pater. 13 p.

SUYDERHOEF.

102 — Jacques Mœsterti, Marc Zuerius, etc., etc. 3 p.

SWANEVELT (Herman).

103 — Suite d'animaux (26 à 32). Avant les numéros. 7 p.

VISCHER (C.)

104 — Sainte Famille, d'après Le Titien. Avant toute lettre. Saint Bavo, d'après Soutmann. 2 p.

VISSCHER (L.).

105 — Anne d'Autriche, d'après Van Loo. Belle.

VOSTERMANN (L.).

106 — Rockox, d'après Van Dyck. 1re épr. avant la lettre et les médailles.

VOYEZ et autres.

107 — Le Ramoneur; la Bonne éducation, etc., etc., d'après Greuze. 6 p.

WATSON.

108 — Tempête, d'après Van de Velde. Manière noire

WILLE (J.-G.).

109 — Quesnay, d'après Chevallier. Deux épreuves
différentes. 2 p.

110 — Charles Frédéric, d'après Guellibaut ; le cardi-
nal Calonne, d'apr. Battoni. Grandes mar-
ges. 2 p.

WOOLLETT (Williams).

111 — Temple d'Apollon, d'après Claude Gelée ; Villa
de Cicéron, d'après Wilson. 2 p.

WOOLLETT, VIVARÈS et WILSON.

112 — Shooting, plate IV, d'après Stubbs ; et deux
paysages. 3 p.

113 — Sous ce numéro seront vendues des gravures
anciennes et modernes, et des lithographies
en lots.

114 — Sous ce numéro, tous les objets omis.

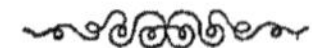

Maulde et Renou, Imprimeurs de la Compagnie des Commissaires-Priseurs
2645   rue de Rivoli, 144.